369 Manifesting Journal

MANIFEST YOUR DREAM LIFE

NITIN ARUNRAM

About This Journal

This journal is about a 369 manifestation method to attract your dreams and practice the law of attraction every day in your life. Align your brain to increase the positive vibration and manifestation of the exact things in your life by writing your dreams repeatedly for a certain period. This Journal will help you to create a positive mindset toward life and increase the chances of better visualization and manifestation of your dreams and your quality of life.

How to Use this Journal

This journal is divided into multiple separate parts for your different Wishes or Dreams: Always follow the sample 369 Manifestation page to write your affirmation every time. you should need to write your single affirmation in every part 3 times, 6 times and 9 times every day for ***21 days*** with a different interval of time in a complete day. Every part contains unique and separate affirmations for a specific thing. your dreams are always be divided into 4 areas of life health, money, relationships and career to achieve and maintain happiness in life. This journal contains multiple sections for multiple dreams, so let's give the try to uplift your vibration and manifest your dream easily.

369 Affirmation Sample

DATE:

3 — 3 times Same Affirmation (Morning)

1. I am already making $12000 every month happily and easily
2. I am already making $12000 every month happily and easily
3. I am already making $12000 every month happily and easily

6 — 6 times Same Affirmation (Afternoon)

1. I am already making $12000 every month happily and easily
2. I am already making $12000 every month happily and easily
3. I am already making $12000 every month happily and easily
4. I am already making $12000 every month happily and easily
5. I am already making $12000 every month happily and easily
6. I am already making $12000 every month happily and easily

9

9 times Same Affirmation (Evening or Night)

1. I am already making $12000 every month happily and easily
2. I am already making $12000 every month happily and easily
3. I am already making $12000 every month happily and easily
4. I am already making $12000 every month happily and easily
5. I am already making $12000 every month happily and easily
6. I am already making $12000 every month happily and easily
7. I am already making $12000 every month happily and easily
8. I am already making $12000 every month happily and easily
9. I am already making $12000 every month happily and easily

Note: While Writing your affirmation in 3 different steps make sure that you feel each affirmation like you already have that.

369 Affirmation Day__

DATE:

3

3 times Same Affirmation
(Morning)

1. ....
2. ....
3. ....

6

6 time Same Affirmation
(Afternoon)

1. ....
2. ....
3. ....
4. ....
5. ....
6. ....

9

9 time Same Affirmation (Evening or Night)

1. ....

2. ....

3. ....

4. ....

5. ....

6. ....

7. ....

8. ....

9. ....

369 Affirmation Day__

DATE:

3

3 times Same Affirmation
(Morning)

1. ....

2. ....

3. ....

6

6 time Same Affirmation
(Afternoon)

1. ....

2. ....

3. ....

4. ....

5. ....

6. ....

9

9 time Same Affirmation (Evening or Night)

1. ....

2. ....

3. ....

4. ....

5. ....

6. ....

7. ....

8. ....

9. ....

369 Affirmation Day__

DATE:

3

3 times Same Affirmation
(Morning)

1. ....
2. ....
3. ....

6

6 time Same Affirmation
(Afternoon)

1. ....
2. ....
3. ....
4. ....
5. ....
6. ....

9

9 time Same Affirmation (Evening or Night)

1. ....

2. ....

3. ....

4. ....

5. ....

6. ....

7. ....

8. ....

9. ....

369 Affirmation Day__

DATE:

3

3 times Same Affirmation
(Morning)

1. ....
2. ....
3. ....

6

6 time Same Affirmation
(Afternoon)

1. ....
2. ....
3. ....
4. ....
5. ....
6. ....

9

9 time Same Affirmation
(Evening or Night)

1. ....

2. ....

3. ....

4. ....

5. ....

6. ....

7. ....

8. ....

9. ....

369 Affirmation Day__

DATE:

3

3 times Same Affirmation
(Morning)

1. ....
2. ....
3. ....

6

6 time Same Affirmation
(Afternoon)

1. ....
2. ....
3. ....
4. ....
5. ....
6. ....

9

9 time Same Affirmation
(Evening or Night)

1. ....

2. ....

3. ....

4. ....

5. ....

6. ....

7. ....

8. ....

9. ....

369 Affirmation Day__

DATE:

3

3 times Same Affirmation (Morning)

1.
2.
3.

6

6 time Same Affirmation (Afternoon)

1.
2.
3.
4.
5.
6.

9

9 time Same Affirmation (Evening or Night)

1. ....

2. ....

3. ....

4. ....

5. ....

6. ....

7. ....

8. ....

9. ....

369 Affirmation Day__

DATE:

3

3 times Same Affirmation
(Morning)

1. ....
2. ....
3. ....

6

6 time Same Affirmation
(Afternoon)

1. ....
2. ....
3. ....
4. ....
5. ....
6. ....

9

9 time Same Affirmation (Evening or Night)

1. ....

2. ....

3. ....

4. ....

5. ....

6. ....

7. ....

8. ....

9. ....

369 Affirmation Day__

DATE:

3

3 times Same Affirmation
(Morning)

1. ....
2. ....
3. ....

6

6 time Same Affirmation
(Afternoon)

1. ....
2. ....
3. ....
4. ....
5. ....
6. ....

9

9 time Same Affirmation (Evening or Night)

1. ....

2. ....

3. ....

4. ....

5. ....

6. ....

7. ....

8. ....

9. ....

369 Affirmation Day__

DATE:

3

3 times Same Affirmation (Morning)

1. ....
2. ....
3. ....

6

6 time Same Affirmation (Afternoon)

1. ....
2. ....
3. ....
4. ....
5. ....
6. ....

9

9 time Same Affirmation (Evening or Night)

1. ....

2. ....

3. ....

4. ....

5. ....

6. ....

7. ....

8. ....

9. ....

369 Affirmation Day__

DATE:

3

3 times Same Affirmation (Morning)

1. ....
2. ....
3. ....

6

6 time Same Affirmation (Afternoon)

1. ....
2. ....
3. ....
4. ....
5. ....
6. ....

9

9 time Same Affirmation (Evening or Night)

1. ....

2. ....

3. ....

4. ....

5. ....

6. ....

7. ....

8. ....

9. ....

369 Affirmation Day__

DATE:

3

3 times Same Affirmation
(Morning)

1. ....
2. ....
3. ....

6

6 time Same Affirmation
(Afternoon)

1. ....
2. ....
3. ....
4. ....
5. ....
6. ....

9

9 time Same Affirmation (Evening or Night)

1. ....

2. ....

3. ....

4. ....

5. ....

6. ....

7. ....

8. ....

9. ....

369 Affirmation Day__

DATE:

3

3 times Same Affirmation
(Morning)

1. ....
2. ....
3. ....

6

6 time Same Affirmation
(Afternoon)

1. ....
2. ....
3. ....
4. ....
5. ....
6. ....

9

9 time Same Affirmation (Evening or Night)

1. ....

2. ....

3. ....

4. ....

5. ....

6. ....

7. ....

8. ....

9. ....

369 Affirmation Day__

DATE:

3

3 times Same Affirmation
(Morning)

1. ....
2. ....
3. ....

6

6 time Same Affirmation
(Afternoon)

1. ....
2. ....
3. ....
4. ....
5. ....
6. ....

9

9 time Same Affirmation (Evening or Night)

1. ....

2. ....

3. ....

4. ....

5. ....

6. ....

7. ....

8. ....

9. ....

369 Affirmation Day__

DATE:

3

3 times Same Affirmation
(Morning)

1.
2.
3.

6

6 time Same Affirmation
(Afternoon)

1.
2.
3.
4.
5.
6.

9

9 time Same Affirmation (Evening or Night)

1. ....

2. ....

3. ....

4. ....

5. ....

6. ....

7. ....

8. ....

9. ....

369 Affirmation Day__

DATE:

3

3 times Same Affirmation
(Morning)

1. ....
2. ....
3. ....

6

6 time Same Affirmation
(Afternoon)

1. ....
2. ....
3. ....
4. ....
5. ....
6. ....

9

9 time Same Affirmation
(Evening or Night)

1. ....

2. ....

3. ....

4. ....

5. ....

6. ....

7. ....

8. ....

9. ....

369 Affirmation Day__

DATE:

3

3 times Same Affirmation
(Morning)

1. ....
2. ....
3. ....

6

6 time Same Affirmation
(Afternoon)

1. ....
2. ....
3. ....
4. ....
5. ....
6. ....

9

9 time Same Affirmation (Evening or Night)

1. ....

2. ....

3. ....

4. ....

5. ....

6. ....

7. ....

8. ....

9. ....

369 Affirmation Day__

DATE:

3	3 times Same Affirmation (Morning)

1. ....
2. ....
3. ....

6	6 time Same Affirmation (Afternoon)

1. ....
2. ....
3. ....
4. ....
5. ....
6. ....

9

9 time Same Affirmation (Evening or Night)

1. ....
2. ....
3. ....
4. ....
5. ....
6. ....
7. ....
8. ....
9. ....

369 Affirmation Day__

DATE:

3

3 times Same Affirmation
(Morning)

1. ....

2. ....

3. ....

6

6 time Same Affirmation
(Afternoon)

1. ....

2. ....

3. ....

4. ....

5. ....

6. ....

9

9 time Same Affirmation (Evening or Night)

1. ....

2. ....

3. ....

4. ....

5. ....

6. ....

7. ....

8. ....

9. ....

369 Affirmation Day__

DATE:

3

3 times Same Affirmation
(Morning)

1.

2.

3.

6

6 time Same Affirmation
(Afternoon)

1.

2.

3.

4.

5.

6.

9

9 time Same Affirmation (Evening or Night)

1. ....

2. ....

3. ....

4. ....

5. ....

6. ....

7. ....

8. ....

9. ....

369 Affirmation Day__

DATE:

3

3 times Same Affirmation
(Morning)

1. ....

2. ....

3. ....

6

6 time Same Affirmation
(Afternoon)

1. ....

2. ....

3. ....

4. ....

5. ....

6. ....

9

9 time Same Affirmation (Evening or Night)

1. ....

2. ....

3. ....

4. ....

5. ....

6. ....

7. ....

8. ....

9. ....

369 Affirmation Day__

DATE:

3

3 times Same Affirmation
(Morning)

1. ....
2. ....
3. ....

6

6 time Same Affirmation
(Afternoon)

1. ....
2. ....
3. ....
4. ....
5. ....
6. ....

9

9 time Same Affirmation (Evening or Night)

1. ....

2. ....

3. ....

4. ....

5. ....

6. ....

7. ....

8. ....

9. ....

369 Affirmation Day__

DATE:

3

3 times Same Affirmation
(Morning)

1. ....
2. ....
3. ....

6

6 time Same Affirmation
(Afternoon)

1. ....
2. ....
3. ....
4. ....
5. ....
6. ....

9

9 time Same Affirmation (Evening or Night)

1. ....

2. ....

3. ....

4. ....

5. ....

6. ....

7. ....

8. ....

9. ....

369 Affirmation Day__

DATE:

3

3 times Same Affirmation
(Morning)

1. ....
2. ....
3. ....

6

6 time Same Affirmation
(Afternoon)

1. ....
2. ....
3. ....
4. ....
5. ....
6. ....

9

9 time Same Affirmation (Evening or Night)

1. ....

2. ....

3. ....

4. ....

5. ....

6. ....

7. ....

8. ....

9. ....

369 Affirmation Day__

DATE:

3

3 times Same Affirmation
(Morning)

1. ....
2. ....
3. ....

6

6 time Same Affirmation
(Afternoon)

1. ....
2. ....
3. ....
4. ....
5. ....
6. ....

9

9 time Same Affirmation (Evening or Night)

1. ....

2. ....

3. ....

4. ....

5. ....

6. ....

7. ....

8. ....

9. ....

369 Affirmation Day__

DATE:

3

3 times Same Affirmation
(Morning)

1. ....
2. ....
3. ....

6

6 time Same Affirmation
(Afternoon)

1. ....
2. ....
3. ....
4. ....
5. ....
6. ....

9

9 time Same Affirmation (Evening or Night)

1. ....

2. ....

3. ....

4. ....

5. ....

6. ....

7. ....

8. ....

9. ....

369 Affirmation Day__

DATE:

3

3 times Same Affirmation
(Morning)

1. ....
2. ....
3. ....

6

6 time Same Affirmation
(Afternoon)

1. ....
2. ....
3. ....
4. ....
5. ....
6. ....

9

9 time Same Affirmation (Evening or Night)

1. ....

2. ....

3. ....

4. ....

5. ....

6. ....

7. ....

8. ....

9. ....

369 Affirmation Day__

DATE:

3

3 times Same Affirmation
(Morning)

1.

2.

3.

6

6 time Same Affirmation
(Afternoon)

1.

2.

3.

4.

5.

6.

9

9 time Same Affirmation (Evening or Night)

1. ....

2. ....

3. ....

4. ....

5. ....

6. ....

7. ....

8. ....

9. ....

369 Affirmation Day__

DATE:

3

3 times Same Affirmation (Morning)

1.

2.

3.

6

6 time Same Affirmation (Afternoon)

1.

2.

3.

4.

5.

6.

9

9 time Same Affirmation (Evening or Night)

1. ....

2. ....

3. ....

4. ....

5. ....

6. ....

7. ....

8. ....

9. ....

369 Affirmation Day__

DATE:

3

3 times Same Affirmation
(Morning)

1. ....
2. ....
3. ....

6

6 time Same Affirmation
(Afternoon)

1. ....
2. ....
3. ....
4. ....
5. ....
6. ....

9

9 time Same Affirmation (Evening or Night)

1. ....
2. ....
3. ....
4. ....
5. ....
6. ....
7. ....
8. ....
9. ....

369 Affirmation Day__

DATE:

3

3 times Same Affirmation
(Morning)

1.
2.
3.

6

6 time Same Affirmation
(Afternoon)

1.
2.
3.
4.
5.
6.

9

9 time Same Affirmation (Evening or Night)

1. ....

2. ....

3. ....

4. ....

5. ....

6. ....

7. ....

8. ....

9. ....

369 Affirmation Day__

DATE:

3

3 times Same Affirmation
(Morning)

1. ....
2. ....
3. ....

6

6 time Same Affirmation
(Afternoon)

1. ....
2. ....
3. ....
4. ....
5. ....
6. ....

9

9 time Same Affirmation (Evening or Night)

1. ……………………………………

2. ……………………………………

3. ……………………………………

4. ……………………………………

5. ……………………………………

6. ……………………………………

7. ……………………………………

8. ……………………………………

9. ……………………………………

369 Affirmation Day__

DATE:

3 — 3 times Same Affirmation (Morning)

1. ....
2. ....
3. ....

6 — 6 time Same Affirmation (Afternoon)

1. ....
2. ....
3. ....
4. ....
5. ....
6. ....

9

9 time Same Affirmation (Evening or Night)

1. ....

2. ....

3. ....

4. ....

5. ....

6. ....

7. ....

8. ....

9. ....

369 Affirmation Day__

DATE:

3

3 times Same Affirmation
(Morning)

1. ....
2. ....
3. ....

6

6 time Same Affirmation
(Afternoon)

1. ....
2. ....
3. ....
4. ....
5. ....
6. ....

9

9 time Same Affirmation (Evening or Night)

1. ....

2. ....

3. ....

4. ....

5. ....

6. ....

7. ....

8. ....

9. ....

369 Affirmation Day__

DATE:

3

3 times Same Affirmation
(Morning)

1. ....
2. ....
3. ....

6

6 time Same Affirmation
(Afternoon)

1. ....
2. ....
3. ....
4. ....
5. ....
6. ....

9

9 time Same Affirmation (Evening or Night)

1. ....

2. ....

3. ....

4. ....

5. ....

6. ....

7. ....

8. ....

9. ....

369 Affirmation Day__

DATE:

3

3 times Same Affirmation
(Morning)

1. ....
2. ....
3. ....

6

6 time Same Affirmation
(Afternoon)

1. ....
2. ....
3. ....
4. ....
5. ....
6. ....

9

9 time Same Affirmation (Evening or Night)

1. ....

2. ....

3. ....

4. ....

5. ....

6. ....

7. ....

8. ....

9. ....

369 Affirmation Day__

DATE:

3 — 3 times Same Affirmation (Morning)

1. ....
2. ....
3. ....

6 — 6 time Same Affirmation (Afternoon)

1. ....
2. ....
3. ....
4. ....
5. ....
6. ....

9

9 time Same Affirmation (Evening or Night)

1. ....

2. ....

3. ....

4. ....

5. ....

6. ....

7. ....

8. ....

9. ....

369 Affirmation Day__

DATE:

3

3 times Same Affirmation
(Morning)

1. ....

2. ....

3. ....

6

6 time Same Affirmation
(Afternoon)

1. ....

2. ....

3. ....

4. ....

5. ....

6. ....

9

9 time Same Affirmation (Evening or Night)

1. ....

2. ....

3. ....

4. ....

5. ....

6. ....

7. ....

8. ....

9. ....

369 Affirmation Day__

DATE:

3

3 times Same Affirmation
(Morning)

1. ....
2. ....
3. ....

6

6 time Same Affirmation
(Afternoon)

1. ....
2. ....
3. ....
4. ....
5. ....
6. ....

9

9 time Same Affirmation (Evening or Night)

1. ....

2. ....

3. ....

4. ....

5. ....

6. ....

7. ....

8. ....

9. ....

369 Affirmation Day__

DATE:

3

3 times Same Affirmation
(Morning)

1. ....
2. ....
3. ....

6

6 time Same Affirmation
(Afternoon)

1. ....
2. ....
3. ....
4. ....
5. ....
6. ....

9

9 time Same Affirmation (Evening or Night)

1. ....

2. ....

3. ....

4. ....

5. ....

6. ....

7. ....

8. ....

9. ....

369 Affirmation Day__

DATE:

3

3 times Same Affirmation
(Morning)

1. ....
2. ....
3. ....

6

6 time Same Affirmation
(Afternoon)

1. ....
2. ....
3. ....
4. ....
5. ....
6. ....

9

9 time Same Affirmation (Evening or Night)

1. ....

2. ....

3. ....

4. ....

5. ....

6. ....

7. ....

8. ....

9. ....

369 Affirmation Day__

DATE:

3

3 times Same Affirmation
(Morning)

1. ....

2. ....

3. ....

6

6 time Same Affirmation
(Afternoon)

1. ....

2. ....

3. ....

4. ....

5. ....

6. ....

9

9 time Same Affirmation (Evening or Night)

1. ....

2. ....

3. ....

4. ....

5. ....

6. ....

7. ....

8. ....

9. ....

369 Affirmation Day__

DATE:

3 — 3 times Same Affirmation (Morning)

1. ....
2. ....
3. ....

6 — 6 time Same Affirmation (Afternoon)

1. ....
2. ....
3. ....
4. ....
5. ....
6. ....

9

9 time Same Affirmation (Evening or Night)

1. ....

2. ....

3. ....

4. ....

5. ....

6. ....

7. ....

8. ....

9. ....

369 Affirmation Day__

DATE:

3

3 times Same Affirmation
(Morning)

1. ....
2. ....
3. ....

6

6 time Same Affirmation
(Afternoon)

1. ....
2. ....
3. ....
4. ....
5. ....
6. ....

9

9 time Same Affirmation (Evening or Night)

1. ....

2. ....

3. ....

4. ....

5. ....

6. ....

7. ....

8. ....

9. ....

369 Affirmation Day__

DATE:

3

3 times Same Affirmation
(Morning)

1. ....
2. ....
3. ....

6

6 time Same Affirmation
(Afternoon)

1. ....
2. ....
3. ....
4. ....
5. ....
6. ....

9

9 time Same Affirmation (Evening or Night)

1. ....

2. ....

3. ....

4. ....

5. ....

6. ....

7. ....

8. ....

9. ....

369 Affirmation Day__

DATE:

3

3 times Same Affirmation
(Morning)

1. ....
2. ....
3. ....

6

6 time Same Affirmation
(Afternoon)

1. ....
2. ....
3. ....
4. ....
5. ....
6. ....

9

9 time Same Affirmation (Evening or Night)

1. ....

2. ....

3. ....

4. ....

5. ....

6. ....

7. ....

8. ....

9. ....

369 Affirmation Day__

DATE:

3

3 times Same Affirmation
(Morning)

1. ....
2. ....
3. ....

6

6 time Same Affirmation
(Afternoon)

1. ....
2. ....
3. ....
4. ....
5. ....
6. ....

9

9 time Same Affirmation (Evening or Night)

1. ....

2. ....

3. ....

4. ....

5. ....

6. ....

7. ....

8. ....

9. ....

369 Affirmation Day__

DATE:

3

3 times Same Affirmation
(Morning)

1. ....
2. ....
3. ....

6

6 time Same Affirmation
(Afternoon)

1. ....
2. ....
3. ....
4. ....
5. ....
6. ....

9

9 time Same Affirmation (Evening or Night)

1. ....

2. ....

3. ....

4. ....

5. ....

6. ....

7. ....

8. ....

9. ....

369 Affirmation Day__

DATE:

3

3 times Same Affirmation
(Morning)

1. ....
2. ....
3. ....

6

6 time Same Affirmation
(Afternoon)

1. ....
2. ....
3. ....
4. ....
5. ....
6. ....

9

9 time Same Affirmation (Evening or Night)

1. ....

2. ....

3. ....

4. ....

5. ....

6. ....

7. ....

8. ....

9. ....

369 Affirmation Day__

DATE:

3

3 times Same Affirmation (Morning)

1. ....
2. ....
3. ....

6

6 time Same Affirmation (Afternoon)

1. ....
2. ....
3. ....
4. ....
5. ....
6. ....

9

9 time Same Affirmation (Evening or Night)

1. ....

2. ....

3. ....

4. ....

5. ....

6. ....

7. ....

8. ....

9. ....

369 Affirmation Day__

DATE:

3 — 3 times Same Affirmation (Morning)

1. ....
2. ....
3. ....

6 — 6 time Same Affirmation (Afternoon)

1. ....
2. ....
3. ....
4. ....
5. ....
6. ....

9

9 time Same Affirmation (Evening or Night)

1. ....

2. ....

3. ....

4. ....

5. ....

6. ....

7. ....

8. ....

9. ....

369 Affirmation Day__

DATE:

3

3 times Same Affirmation
(Morning)

1. ....
2. ....
3. ....

6

6 time Same Affirmation
(Afternoon)

1. ....
2. ....
3. ....
4. ....
5. ....
6. ....

9

9 time Same Affirmation (Evening or Night)

1. ....

2. ....

3. ....

4. ....

5. ....

6. ....

7. ....

8. ....

9. ....

369 Affirmation Day__

DATE:

3

3 times Same Affirmation
(Morning)

1. ....
2. ....
3. ....

6

6 time Same Affirmation
(Afternoon)

1. ....
2. ....
3. ....
4. ....
5. ....
6. ....

9

9 time Same Affirmation (Evening or Night)

1. ....

2. ....

3. ....

4. ....

5. ....

6. ....

7. ....

8. ....

9. ....

369 Affirmation Day__

DATE:

3

3 times Same Affirmation
(Morning)

1.

2.

3.

6

6 time Same Affirmation
(Afternoon)

1.

2.

3.

4.

5.

6.

9

9 time Same Affirmation (Evening or Night)

1. ....

2. ....

3. ....

4. ....

5. ....

6. ....

7. ....

8. ....

9. ....

369 Affirmation Day__

DATE:

3

3 times Same Affirmation
(Morning)

1.
2.
3.

6

6 time Same Affirmation
(Afternoon)

1.
2.
3.
4.
5.
6.

9

9 time Same Affirmation (Evening or Night)

1. ....

2. ....

3. ....

4. ....

5. ....

6. ....

7. ....

8. ....

9. ....

369 Affirmation Day__

DATE:

3

3 times Same Affirmation
(Morning)

1.

2.

3.

6

6 time Same Affirmation
(Afternoon)

1.

2.

3.

4.

5.

6.

9

9 time Same Affirmation
(Evening or Night)

1. ....

2. ....

3. ....

4. ....

5. ....

6. ....

7. ....

8. ....

9. ....

369 Affirmation Day__

DATE:

3

3 times Same Affirmation
(Morning)

1. ....
2. ....
3. ....

6

6 time Same Affirmation
(Afternoon)

1. ....
2. ....
3. ....
4. ....
5. ....
6. ....

9

9 time Same Affirmation
(Evening or Night)

1. ....

2. ....

3. ....

4. ....

5. ....

6. ....

7. ....

8. ....

9. ....

369 Affirmation Day__

DATE:

3

3 times Same Affirmation (Morning)

1. ....
2. ....
3. ....

6

6 time Same Affirmation (Afternoon)

1. ....
2. ....
3. ....
4. ....
5. ....
6. ....

9

9 time Same Affirmation (Evening or Night)

1. ....

2. ....

3. ....

4. ....

5. ....

6. ....

7. ....

8. ....

9. ....

369 Affirmation Day__

DATE:

3

3 times Same Affirmation
(Morning)

1. ....
2. ....
3. ....

6

6 time Same Affirmation
(Afternoon)

1. ....
2. ....
3. ....
4. ....
5. ....
6. ....

9

9 time Same Affirmation (Evening or Night)

1. ....

2. ....

3. ....

4. ....

5. ....

6. ....

7. ....

8. ....

9. ....

369 Affirmation Day__

DATE:

3

3 times Same Affirmation
(Morning)

1. ....
2. ....
3. ....

6

6 time Same Affirmation
(Afternoon)

1. ....
2. ....
3. ....
4. ....
5. ....
6. ....

9

9 time Same Affirmation (Evening or Night)

1. ....

2. ....

3. ....

4. ....

5. ....

6. ....

7. ....

8. ....

9. ....

369 Affirmation Day__

DATE:

3

3 times Same Affirmation
(Morning)

1. ....
2. ....
3. ....

6

6 time Same Affirmation
(Afternoon)

1. ....
2. ....
3. ....
4. ....
5. ....
6. ....

9

9 time Same Affirmation (Evening or Night)

1. ....

2. ....

3. ....

4. ....

5. ....

6. ....

7. ....

8. ....

9. ....

369 Affirmation Day__

DATE:

3

3 times Same Affirmation
(Morning)

1. ....
2. ....
3. ....

6

6 time Same Affirmation
(Afternoon)

1. ....
2. ....
3. ....
4. ....
5. ....
6. ....

9

9 time Same Affirmation
(Evening or Night)

1. ....

2. ....

3. ....

4. ....

5. ....

6. ....

7. ....

8. ....

9. ....

369 Affirmation Day__

DATE:

3

3 times Same Affirmation
(Morning)

1. ....
2. ....
3. ....

6

6 time Same Affirmation
(Afternoon)

1. ....
2. ....
3. ....
4. ....
5. ....
6. ....

9

9 time Same Affirmation (Evening or Night)

1. ....

2. ....

3. ....

4. ....

5. ....

6. ....

7. ....

8. ....

9. ....

369 Affirmation Day__

DATE:

3

3 times Same Affirmation
(Morning)

1.

2.

3.

6

6 time Same Affirmation
(Afternoon)

1.

2.

3.

4.

5.

6.

9

9 time Same Affirmation (Evening or Night)

1. ....

2. ....

3. ....

4. ....

5. ....

6. ....

7. ....

8. ....

9. ....

369 Affirmation Day__

DATE:

3

3 times Same Affirmation
(Morning)

1. ....
2. ....
3. ....

6

6 time Same Affirmation
(Afternoon)

1. ....
2. ....
3. ....
4. ....
5. ....
6. ....

9

9 time Same Affirmation (Evening or Night)

1. ....

2. ....

3. ....

4. ....

5. ....

6. ....

7. ....

8. ....

9. ....

369 Affirmation Day__

DATE:

3

3 times Same Affirmation
(Morning)

1. ....
2. ....
3. ....

6

6 time Same Affirmation
(Afternoon)

1. ....
2. ....
3. ....
4. ....
5. ....
6. ....

9

9 time Same Affirmation (Evening or Night)

1. ....

2. ....

3. ....

4. ....

5. ....

6. ....

7. ....

8. ....

9. ....

369 Affirmation Day__

DATE:

3

3 times Same Affirmation
(Morning)

1. ....
2. ....
3. ....

6

6 time Same Affirmation
(Afternoon)

1. ....
2. ....
3. ....
4. ....
5. ....
6. ....

9

9 time Same Affirmation (Evening or Night)

1. ....

2. ....

3. ....

4. ....

5. ....

6. ....

7. ....

8. ....

9. ....

369 Affirmation Day__

DATE:

3

3 times Same Affirmation
(Morning)

1. ....
2. ....
3. ....

6

6 time Same Affirmation
(Afternoon)

1. ....
2. ....
3. ....
4. ....
5. ....
6. ....

9

9 time Same Affirmation (Evening or Night)

1. ....

2. ....

3. ....

4. ....

5. ....

6. ....

7. ....

8. ....

9. ....

369 Affirmation Day__

DATE:

3

3 times Same Affirmation
(Morning)

1. ....

2. ....

3. ....

6

6 time Same Affirmation
(Afternoon)

1. ....

2. ....

3. ....

4. ....

5. ....

6. ....

9

9 time Same Affirmation (Evening or Night)

1. ....

2. ....

3. ....

4. ....

5. ....

6. ....

7. ....

8. ....

9. ....

369 Affirmation Day__

DATE:

3

3 times Same Affirmation
(Morning)

1.
2.
3.

6

6 time Same Affirmation
(Afternoon)

1.
2.
3.
4.
5.
6.

9

9 time Same Affirmation (Evening or Night)

1. ....

2. ....

3. ....

4. ....

5. ....

6. ....

7. ....

8. ....

9. ....

369 Affirmation Day__

DATE:

3

3 times Same Affirmation
(Morning)

1. ....
2. ....
3. ....

6

6 time Same Affirmation
(Afternoon)

1. ....
2. ....
3. ....
4. ....
5. ....
6. ....

9

9 time Same Affirmation (Evening or Night)

1. ....

2. ....

3. ....

4. ....

5. ....

6. ....

7. ....

8. ....

9. ....

369 Affirmation Day__

DATE:

3

3 times Same Affirmation
(Morning)

1. ....
2. ....
3. ....

6

6 time Same Affirmation
(Afternoon)

1. ....
2. ....
3. ....
4. ....
5. ....
6. ....

9

9 time Same Affirmation (Evening or Night)

1. ....

2. ....

3. ....

4. ....

5. ....

6. ....

7. ....

8. ....

9. ....

369 Affirmation Day__

DATE:

3

3 times Same Affirmation
(Morning)

1. ....
2. ....
3. ....

6

6 time Same Affirmation
(Afternoon)

1. ....
2. ....
3. ....
4. ....
5. ....
6. ....

9

9 time Same Affirmation (Evening or Night)

1. ....

2. ....

3. ....

4. ....

5. ....

6. ....

7. ....

8. ....

9. ....

369 Affirmation Day__

DATE:

3

3 times Same Affirmation
(Morning)

1. ....
2. ....
3. ....

6

6 time Same Affirmation
(Afternoon)

1. ....
2. ....
3. ....
4. ....
5. ....
6. ....

9

9 time Same Affirmation (Evening or Night)

1. ....

2. ....

3. ....

4. ....

5. ....

6. ....

7. ....

8. ....

9. ....

369 Affirmation Day__

DATE:

3

3 times Same Affirmation
(Morning)

1. ....
2. ....
3. ....

6

6 time Same Affirmation
(Afternoon)

1. ....
2. ....
3. ....
4. ....
5. ....
6. ....

9

9 time Same Affirmation (Evening or Night)

1. ....

2. ....

3. ....

4. ....

5. ....

6. ....

7. ....

8. ....

9. ....

369 Affirmation Day__

DATE:

3

3 times Same Affirmation
(Morning)

1. ....
2. ....
3. ....

6

6 time Same Affirmation
(Afternoon)

1. ....
2. ....
3. ....
4. ....
5. ....
6. ....

9

9 time Same Affirmation (Evening or Night)

1. ....

2. ....

3. ....

4. ....

5. ....

6. ....

7. ....

8. ....

9. ....

369 Affirmation Day__

DATE:

3

3 times Same Affirmation
(Morning)

1.
2.
3.

6

6 time Same Affirmation
(Afternoon)

1.
2.
3.
4.
5.
6.

9

9 time Same Affirmation (Evening or Night)

1. ....

2. ....

3. ....

4. ....

5. ....

6. ....

7. ....

8. ....

9. ....

369 Affirmation Day__

DATE:

3

3 times Same Affirmation
(Morning)

1. ....
2. ....
3. ....

6

6 time Same Affirmation
(Afternoon)

1. ....
2. ....
3. ....
4. ....
5. ....
6. ....

9

9 time Same Affirmation (Evening or Night)

1. ....

2. ....

3. ....

4. ....

5. ....

6. ....

7. ....

8. ....

9. ....

369 Affirmation Day__

DATE:

3

3 times Same Affirmation
(Morning)

1. ....

2. ....

3. ....

6

6 time Same Affirmation
(Afternoon)

1. ....

2. ....

3. ....

4. ....

5. ....

6. ....

9

9 time Same Affirmation (Evening or Night)

1. ....

2. ....

3. ....

4. ....

5. ....

6. ....

7. ....

8. ....

9. ....

369 Affirmation Day__

DATE:

3

3 times Same Affirmation
(Morning)

1. ....
2. ....
3. ....

6

6 time Same Affirmation
(Afternoon)

1. ....
2. ....
3. ....
4. ....
5. ....
6. ....

9

9 time Same Affirmation (Evening or Night)

1. ....

2. ....

3. ....

4. ....

5. ....

6. ....

7. ....

8. ....

9. ....

369 Affirmation Day__

DATE:

3

3 times Same Affirmation
(Morning)

1. ....
2. ....
3. ....

6

6 time Same Affirmation
(Afternoon)

1. ....
2. ....
3. ....
4. ....
5. ....
6. ....

9

9 time Same Affirmation
(Evening or Night)

1. ....

2. ....

3. ....

4. ....

5. ....

6. ....

7. ....

8. ....

9. ....

369 Affirmation Day__

DATE:

3

3 times Same Affirmation
(Morning)

1. ....
2. ....
3. ....

6

6 time Same Affirmation
(Afternoon)

1. ....
2. ....
3. ....
4. ....
5. ....
6. ....

9

9 time Same Affirmation
(Evening or Night)

1. ....

2. ....

3. ....

4. ....

5. ....

6. ....

7. ....

8. ....

9. ....

369 Affirmation Day__

DATE:

3

3 times Same Affirmation
(Morning)

1. ....
2. ....
3. ....

6

6 time Same Affirmation
(Afternoon)

1. ....
2. ....
3. ....
4. ....
5. ....
6. ....

9

9 time Same Affirmation (Evening or Night)

1. ....

2. ....

3. ....

4. ....

5. ....

6. ....

7. ....

8. ....

9. ....

369 Affirmation Day__

DATE:

3

3 times Same Affirmation
(Morning)

1. ....

2. ....

3. ....

6

6 time Same Affirmation
(Afternoon)

1. ....

2. ....

3. ....

4. ....

5. ....

6. ....

9

9 time Same Affirmation (Evening or Night)

1. ....

2. ....

3. ....

4. ....

5. ....

6. ....

7. ....

8. ....

9. ....

369 Affirmation Day__

DATE:

3

3 times Same Affirmation
(Morning)

1. ....
2. ....
3. ....

6

6 time Same Affirmation
(Afternoon)

1. ....
2. ....
3. ....
4. ....
5. ....
6. ....

9

9 time Same Affirmation (Evening or Night)

1. ....

2. ....

3. ....

4. ....

5. ....

6. ....

7. ....

8. ....

9. ....

www.ingramcontent.com/pod-product-compliance
Ingram Content Group UK Ltd.
Pitfield, Milton Keynes, MK11 3LW, UK
UKHW022022190726
13853UKWH00005B/2056